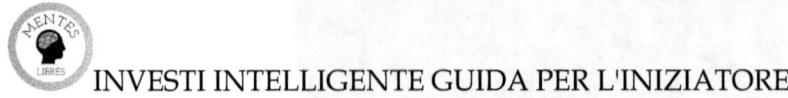

INVESTI
INTELLIGENTE
GUIDA PER L'INIZIATORE

CONTENUTI

Introduzione

Capitolo 1: Le basi

Capitolo 2: Devo investire?

Capitolo 3: Cose...Stabilizzare

Capitolo 4: Creazione di risorse extra

Capitolo 5: Strategia e stile

Conclusione

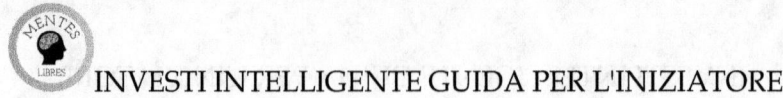

Introduzione

Quando si tratta di investire, molti investitori per la prima volta vogliono intervenire con entrambi i piedi. Sfortunatamente, pochissimi di questi investitori hanno successo. Investire in qualsiasi cosa richiede un certo grado di abilità. È importante ricordare che pochi investimenti sono sicuri - c'è il rischio di perdere i tuoi soldi!

Capitolo 1: Le basi

Prima di agire, è meglio non solo scoprire di più sull'investimento e su come funziona, ma anche determinare quali sono i tuoi obiettivi.

Cosa speri di ottenere con i tuoi investimenti? Finanzierai un'istruzione universitaria? Compra una casa? Tirarsi indietro? Prima di investire un solo centesimo, considera davvero ciò che speri di ottenere con quell'investimento. Conoscere qual è il tuo obiettivo ti aiuterà a prendere decisioni di investimento più intelligenti lungo la strada!

Punto di partenza

Troppo spesso le persone investono denaro con il sogno di diventare ricchi dall'oggi al domani. Questo è possibile, ma è anche raro.

È generalmente una pessima idea iniziare a investire nella speranza di diventare ricchi dall'oggi al domani. È più sicuro investire il denaro in modo tale che cresca lentamente nel tempo e venga utilizzato per la pensione o l'istruzione di un giovane. Tuttavia, quando il tuo obiettivo di investimento è quello di arricchirsi rapidamente, prima di investire dovresti imparare quanto più possibile sugli investimenti a breve termine ad alto rendimento.

Dovresti seriamente considerare di parlare con un pianificatore finanziario prima di effettuare qualsiasi investimento. Il tuo pianificatore finanziario può aiutarti a determinare quale tipo di investimento dovresti fare per raggiungere i tuoi obiettivi finanziari proposti. Lui o lei può darti informazioni realistiche sul tipo di prestazione che puoi aspettarti e il tempo che ci vorrà per raggiungere i tuoi obiettivi particolari.

Ancora una volta, ricorda che investire richiede molto più che chiamare un agente di borsa e dire loro che vuoi acquistare azioni o obbligazioni. Una certa quantità di ricerche e conoscenze di mercato è necessaria quando si spera di investire con successo.

Capitolo 2: Devo investire?

Gli investimenti sono diventati sempre più cruciali nel corso degli anni poiché il futuro delle prestazioni di sicurezza sociale è sconosciuto.

Informazioni importanti

Le persone vogliono proteggere il loro futuro e sanno che se dipendono dalle prestazioni di sicurezza sociale e, in alcuni casi, dai piani pensionistici, potrebbero avere un duro risveglio quando non avranno più la possibilità di guadagnare un reddito stabile. Investire è la risposta alle incognite del futuro.

Avresti potuto risparmiare denaro in un conto di risparmio a basso interesse nel corso degli anni. Ora, vuoi vedere che i soldi crescono a un ritmo più veloce.

Forse hai ereditato soldi o fatto qualche altro tipo di manna, e hai bisogno di un modo per farli crescere. Ancora una volta, investire è la risposta.

Investire è anche un modo per ottenere le cose che vuoi, come una nuova casa, un'istruzione universitaria per i tuoi figli o un costo per i tuoi "giocattoli". Naturalmente, i tuoi obiettivi finanziari determineranno il tipo di investimento che effettui.

Se vuoi o hai bisogno di guadagnare molti soldi rapidamente, sarai più interessato a un investimento più rischioso, che ti darà un ritorno maggiore in meno tempo. Se stai risparmiando qualcosa in un futuro lontano, come la pensione, potresti voler fare investimenti più sicuri che crescono per un periodo di tempo più lungo.

Lo scopo generale dell'investimento è quello di creare ricchezza e sicurezza, per un periodo di tempo. È fondamentale ricordare che non sarai sempre in grado di guadagnare un reddito...alla fine vorrai andare in pensione.

Né puoi contare sul sistema di sicurezza sociale per fare ciò che ti aspetti che faccia, né puoi necessariamente dipendere dal piano pensionistico della tua azienda. Quindi, ancora una volta, investire è la chiave per garantire il proprio futuro finanziario, ma è necessario effettuare investimenti brillanti!

Capitolo 3: Cose...Stabilizzare

Prima di considerare di investire in qualsiasi tipo di mercato, è necessario esaminare attentamente la situazione attuale. Investire nel futuro è una cosa grandiosa; tuttavia, chiarire le situazioni cattive - o forse cattive - nel presente è più cruciale.

Mettilo sotto controllo. Estrarre il rapporto di credito. Dovresti farlo una volta all'anno. È fondamentale sapere cosa c'è nel tuo rapporto e chiarire al più presto eventuali elementi negativi sul tuo rapporto di credito. Se si avete prenotato $ 25.000 a investire, ma ha comunque $ 25.000 cattivo credito, è meglio pulire fino il credito in primo luogo!

Quindi, guarda cosa stai pagando ogni mese e sbarazzati delle spese inutili. Ad esempio, non sono necessarie carte di credito ad alto interesse. Pagali e liberati di loro. Se hai prestiti in sospeso ad alto interesse, pagali anche tu.

Se non c'è nient'altro, scambia la tua carta di credito ad alto interesse con una carta di credito a basso interesse e rifinanzia i prestiti ad alto interesse con prestiti a basso interesse. Potrebbe essere necessario utilizzare alcuni dei fondi di investimento per gestire tali questioni, comunque a lungo termine; Vedrai che questo è il modo più saggio.

Mettiti in ottima forma finanziaria, quindi migliora il tuo stato finanziario con investimenti intelligenti.

Non ha senso iniziare a investire fondi se il saldo della tua banca è sempre basso o hai difficoltà a pagare le tue bollette mensili.

Il tuo capitale di investimento sarà speso meglio per correggere i problemi finanziari avversi che ti riguardano ogni giorno.

Mentre sei in procinto di superare la tua attuale situazione finanziaria, insisti a conoscere diversi tipi di investimenti.

In questo modo, quando ti trovi in uno stato finanziario intelligente, sarai armato delle conoscenze necessarie per fare investimenti altrettanto intelligenti nel tuo futuro.

Capitolo 4: Creazione di risorse extra

Sono stati scritti molti libri e piani educativi su come acquistare beni con saggezza. Per molte persone, l'acquisto di proprietà è il piano più vantaggioso per loro. Ma se hai delle aspirazioni ad acquisire beni per poter eventualmente investire, la domanda è "Sei disposto a produrre i tuoi beni invece di acquistare i beni di qualcun altro?"

Costruiscilo

Questo libro parla del reddito passivo e di come prendere un pensiero e trasformarlo in una risorsa che svilupperà risorse aggiuntive. Non si tratta solo di come ottenere un sacco di reddito, ma anche di come mantenere il reddito che le attività portano e far sì che producano ancora più risorse oltre agli investimenti. Rivela quante persone facoltose arrivarono per guadagnare la maggior parte del reddito.

Quindi se questo ti incuriosisce, per favore continua. Il puzzle è

"Come si produce un bene senza spendere entrate per ottenerlo?"

"Ci sono persone che acquistano beni e ci sono persone che producono beni ".

Molte persone hanno idee che possono renderle ricche oltre le loro più sfrenate aspirazioni. Il punto è che la maggior parte delle persone non è mai stata istruita su come mettere una struttura aziendale all'interno delle proprie idee e quindi molte delle loro idee non prendono mai forma o sono indipendenti.

Se vuoi essere tra le persone che hanno i soldi extra da investire, dovrai capire come stabilire una struttura aziendale all'interno delle tue idee creative. Una volta che provi per la prima volta a trasformare le tue idee in una fortuna personale, molte persone diranno "**Non puoi farlo**".

Ricorda sempre che nulla cancella le tue incredibili idee più degli individui con poche idee e immaginazione limitata. L'ostacolo a trasformare le nostre idee in $ 1.000.000 o addirittura $ 1.000.000.000.

La risorsa in dollari è spesso la lotta tra il nostro spirito e il nostro cervello, spesso nella media.

Devi essere fermo nello spirito e fermo nelle tue convinzioni per trasformare i tuoi pensieri in fortune. Anche se capisci la procedura attraverso la quale le tue idee possono renderti ricco, ricorda sempre che le idee impressionanti diventano grandi fortune solo se l'individuo dietro l'idea è ugualmente disposto a essere impressionante.

Spesso è difficile mantenere se tutti intorno a te dicono "Non puoi farlo". Devi essere uno spirito molto solido per sopportare il dubbio di coloro che ti circondano. Ma il tuo spirito dovrebbe essere ancora meno attaccabile se sei l'individuo che dice a se stesso "Non puoi farlo". Questo non significa che diventi cieco per non sentire le idee grandi e cattive dei tuoi amici o di te stesso.

Le loro idee e i loro contributi dovrebbero essere ascoltati e spesso usati se le loro idee sono migliori delle tue. Ma in questo momento, non sto parlando di idee o consigli semplici.

Quello di cui sto parlando è molto più che idee. Sto parlando del suo stato emotivo e della volontà di andare avanti anche se è impegnato con dubbi e per grandi idee. Nessuno può dirti cosa puoi o non puoi ottenere nella tua vita.

Solo tu sei in grado di regolarlo. La tua grandezza si trova spesso alla fine della strada, e una volta che si tratta di trasformare i tuoi pensieri in entrate, ci sono molte volte che arrivi alla fine della strada.

La fine della strada è se sei senza pensieri, senza entrate e pieno di dubbi.

Se riesci a scoprire in te stesso lo spirito per continuare, scoprirai cosa serve davvero per trasformare le tue idee in incredibili risorse.

Trasformare un pensiero in una grande fortuna è più una questione di spirito umano che di potere del cervello umano. Alla fine di ogni percorso, la persona scopre il suo spirito.

Scoprire il tuo spirito e renderlo solido è più cruciale dell'idea o del business che stai formulando. Una volta scoperto il tuo spirito imprenditoriale, puoi sempre prendere idee davvero nella media e trasformarle in fortune esagerate e avere soldi da investire. Ricorda sempre che il mondo è pieno di individui con idee incredibili e pochissimi individui con grandi fortune.

Capitolo 5: Strategia e stile

Poiché investire nella maggior parte dei casi non è una cosa certa, è molto simile a un gioco: non si conosce il risultato fino a quando il gioco non è stato giocato e non è stato dichiarato un vincitore.

Ogni volta che giochi a quasi ogni tipo di gioco, hai un piano.

Investire non è diverso: è necessario un piano di investimenti.

Sapere qual è la tua tolleranza al rischio e il tuo stile di investimento ti aiuterà a scegliere saggiamente gli investimenti. Mentre ci sono molti diversi tipi di investimenti che si possono fare, in realtà ci sono solo 3 tendenze di investimento specifiche - e queste 3 tendenze sono correlate alla tua tolleranza al rischio.

Le 3 tendenze di investimento sono prudenti, moderate e aggressive.

Cosa capire

Un piano di investimento è fondamentalmente un piano per investire i tuoi soldi in vari tipi di investimenti che ti aiuteranno a raggiungere i tuoi obiettivi finanziari in un determinato periodo di tempo. Ogni tipo di investimento contiene singoli investimenti da cui è necessario selezionare. Un negozio di abbigliamento vende abbigliamento, ma quell'abbigliamento è costituito da camicie, pantaloni, abiti, gonne, biancheria intima, ecc. La borsa è un tipo di investimento, ma contiene diversi tipi di titoli, che contengono diverse società in cui è possibile investire.

Se non hai fatto la tua ricerca, può essere molto confuso, semplicemente perché ci sono così tanti diversi tipi di investimenti e investimenti individuali tra cui scegliere. È qui che entra in gioco il tuo piano, combinato con la tua tolleranza al rischio e l'andamento degli investimenti.

Se sei nuovo ad investire, lavora a stretto contatto con un pianificatore finanziario prima di effettuare qualsiasi investimento. Ti aiuteranno a sviluppare un piano di investimenti che non sarà solo entro i limiti della tua tolleranza al rischio e dell'andamento degli investimenti, ma ti aiuterà anche a raggiungere i tuoi obiettivi finanziari.

Non investire mai denaro senza avere un obiettivo e un piano per raggiungere tale obiettivo! Questo è essenziale. Nessuno dà il proprio denaro a nessuno senza sapere a cosa serve quel denaro e quando lo recupererà! Se non hai un obiettivo, un piano o una struttura, è essenzialmente quello che stai facendo! Si inizia sempre con un obiettivo e un piano per raggiungere tale obiettivo!

Naturalmente, se scopri di avere una bassa tolleranza al rischio, la tua tendenza di investimento sarà probabilmente prudente o nella migliore delle ipotesi.

Se hai un'alta tolleranza al rischio, è probabile che tu sia un investitore moderato o aggressivo. Allo stesso tempo, i tuoi obiettivi finanziari determineranno anche il trend di investimento che utilizzi.

Se stai risparmiando per la pensione all'età di vent'anni, dovresti utilizzare una tendenza di investimento moderata o moderata, ma se stai cercando di raccogliere fondi per acquistare una casa nel prossimo anno o due, vorrai utilizzare una tendenza aggressiva.

Gli investitori conservatori vogliono mantenere il loro investimento iniziale. In altre parole, se investono $ 5.000, vogliono essere sicuri di riavere indietro i loro $ 5.000 iniziali. Questo tipo di investitore investe comunemente in azioni e obbligazioni comuni e in conti del mercato monetario a breve termine.

Un conto di risparmio che genera interessi è molto comune per gli investitori prudenti.

Un investitore moderato investe comunemente come investitore conservatore, ma utilizzerà una parte dei suoi fondi di investimento per investimenti a rischio più elevato. Molti investitori moderati investono il 50% dei loro fondi di investimento in investimenti sicuri o prudenti e investono il resto in investimenti a rischio più elevato.

Un investitore aggressivo è disposto a correre rischi che altri investitori non si assumeranno. Investono ingenti somme di denaro in società ad alto rischio nella speranza di ottenere rendimenti più elevati, nel tempo o nel breve termine. Gli investitori aggressivi hanno spesso tutti o la maggior parte dei loro fondi comuni di investimento congelati nel mercato azionario.

Ancora una volta, determinare il trend di investimento che userete sarà determinato dai vostri obiettivi finanziari e dalla tolleranza al rischio. Tuttavia, indipendentemente dal tipo di investimento effettuato, è necessario ricercare attentamente tale investimento. Non investire mai senza avere tutti i dati!

Conclusione

Lungo la strada, potresti commettere alcuni errori di investimento, tuttavia ci sono enormi errori che devi assolutamente evitare se vuoi essere un investitore di successo. Ad esempio, il più grande errore di investimento che potresti fare è non investire affatto o smettere di investire per dopo. Fai in modo che i tuoi soldi funzionino per te, anche se tutto ciò che ti resta è $ 20 a settimana da investire!

Anche se non investire affatto o lasciare l'investimento per dopo sono enormi errori, investire prima di essere nella posizione finanziaria per farlo è un altro grosso errore. Metti in ordine la tua situazione finanziaria attuale, quindi inizia a investire. Ottieni il tuo credito, ripaga i prestiti ad alto interesse e le carte di credito e risparmia almeno 3 mesi sulle spese di soggiorno. Fatto ciò, sei pronto per iniziare a far lavorare i tuoi soldi per te.

Non investire per arricchirti rapidamente. È il tipo di investimento più rischioso là fuori e probabilmente avrai più probabilità di perdere. Se fosse semplice, lo farebbero tutti! Piuttosto, investi a lungo termine e abbi la pazienza di resistere alle tempeste e far crescere i tuoi soldi. Investi a breve termine solo quando sai che avrai bisogno del denaro in breve tempo, quindi prosegui con investimenti sicuri, come i certificati di deposito.

Non mettere tutte le uova nello stesso paniere. Distribuiscili su diversi tipi di investimenti per ottenere i migliori rendimenti. Allo stesso modo, non spostare troppo i tuoi soldi. Lascialo correre. Scegli i tuoi investimenti con cautela, investi i tuoi soldi e lasciali crescere. Non fatevi prendere dal panico se le azioni scendono di qualche dollaro. Se le scorte sono stabili, aumenteranno di nuovo.

Ricorda che chi non rischia non vince, ma sii intelligente!!!!!

Visita la nostra pagina degli autori su Amazon! E ottenere più libri di MENTES LIBRES!

https://www.amazon.it/MENTES-LIBRES/e/B08274DDV4?ref_=dbs_p_ebk_r00_abau_000000

Se lo desiderate, potete lasciare il vostro commento su questo libro cliccando sul seguente link in modo che possiamo continuare a crescere! Grazie mille per il vostro acquisto!

https://www.amazon.it/dp/B089N3FBCD

www.ingramcontent.com/pod-product-compliance
Lightning Source LLC
Chambersburg PA
CBHW050307220526
45465CB00002B/867